OS CORPOS PERDIDOS

OS CORPOS PERDIDOS

José Manuel Mora

Tradução Cibele Forjaz
Colaboração Kako Arancibia

A Acción Cultural Española — AC/E é uma entidade estatal cuja missão é difundir e divulgar a cultura espanhola, seus acontecimentos e protagonistas, dentro e fora de nossas fron-teiras. No Programa de Intercâmbio Cultural Brasil-Espanha, essa missão se concretiza graças ao apoio do TEMPO_FESTIVAL, do Rio de Janeiro, que convidou a Editora Cobogó para fazer a edição em português de dez textos fundamentais do teatro contemporâneo espanhol, e contou com a colaboração de quatro dos festivais internacionais de teatro de maior prestígio no Brasil. Estão envolvidos no projeto: Cena Contemporânea — Festival Internacional de Teatro de Brasília; Porto Alegre em Cena — Festival Internacional de Artes Cênicas; Festival Internacional de Artes Cênicas da Bahia — FIAC; Janeiro de Grandes Espetáculos — Festival Internacional de Artes Cênicas de Pernambuco; além do TEMPO_FESTIVAL, Festival Internacional de Artes Cênicas do Rio de Janeiro.

Cada festival colaborou indicando diferentes artistas de teatro brasileiros para traduzir as obras do espanhol para o português e organizando residências para os artistas, tradutores e autores que farão em seguida as leituras dramatizadas para o público dos festivais.

Para a seleção de textos e de autores, estabelecemos uma série de critérios: que fossem peças escritas neste século XXI, de autores vivos ganhadores de pelo menos um prêmio importante de dramaturgia, que as peças pudessem ser levadas aos palcos tanto pelo interesse intrínseco do texto quanto por sua viabilidade econômica, e, por último, que elas girassem em torno de uma temática geral que aproximasse nossos autores de um público com conhecimento escasso da dramaturgia contemporânea espanhola, com especial atenção para os gostos e preferências do público brasileiro.

Um grupo de diretores de teatro foi encarregado pela AC/E de fazer a seleção dos autores e das obras. Assim, Guillermo Heras, Eduardo Vasco, Carme Portaceli, Ernesto Caballero, Juana Escabias e Eduardo Pérez Rasilla escolheram *A paz perpétua*, de Juan Mayorga, *Après moi le déluge (Depois de mim, o dilúvio)*, de Lluïsa Cunillé, *Atra bílis*, de Laila Ripoll, *Cachorro morto na lavanderia: os fortes*, de Angélica Liddell, *Cliff (Precipício)*, de Alberto Conejero, *Dentro da terra*, de Paco Bezerra, *Münchausen*, de Lucía Vilanova, *NN12*, de Gracia Morales, *O princípio de Arquimedes*, de Josep Maria Miró i Coromina e *Os corpos perdidos*, de José Manuel Mora. A seleção dos textos não foi fácil, dada a riqueza e a qualidade da produção recente espanhola.

A AC/E felicita a Editora Cobogó, os festivais, os autores e os tradutores pela aposta neste projeto, que tem a maior importância pela difusão que possibilita do teatro contemporâneo espanhol. Gostaríamos de agradecer especialmente a Márcia Dias, diretora do TEMPO_FESTIVAL, por sua estreita colaboração com a nossa entidade e com o projeto.

Teresa Lizaranzu
Acción Cultural Española — AC/E
Presidente

Sumário

Sobre a tradução brasileira **11**

OS CORPOS PERDIDOS **15**

Por que publicar dramaturgia **81**

Dramaturgia espanhola no Brasil **83**

Sobre a tradução brasileira

Ao ler pela primeira vez o original de *Los Cuerpos Perdidos*, de José Manuel Mora, ficamos tocados, objetiva e subjetivamente, pelo tema abordado por esse dramaturgo. Em seguida, veio a reflexão sobre quão entranhados estão na trama o México, seu povo e sua cultura. Ao longo do texto o autor faz escolhas tão transparentes em torno de citações a bandas populares, canções típicas, *rancheras*, expressões coloquiais, hábitos etc., que seria impossível não manter a certeza do peso e da importância que a cultura mexicana tem sobre a história que a peça conta e, mais do que tudo: sobre a questão violenta que a peça traz à luz. Essa raiz mexicana guiou a principal escolha do processo de tradução: tentar ressaltar o México ao não criar traduções para nomes e apelidos das personagens, ao não traduzir o nome da cidade e outros lugares, ao manter os nomes originais das canções citadas e, acima de tudo, ao trazer ao leitor brasileiro, por meio de notas de rodapé, informações garimpadas nas pesquisas do processo de tradução e que nos pareceram enriquecer a compreensão do todo.

Quando um dramaturgo cria, a escolha de cada palavra pode ser um trabalho árduo, por isso acreditamos que nada esteja aqui por acaso. Sua arte está nas palavras e no poder que a reunião das palavras escolhidas têm, elas levantam ideias, criam territórios de pensamentos, sustentam imaginários e argumentos. Nosso objetivo era o de que a tradução e estas informações adicionais fossem capazes de reforçar as inter-relações dos seguintes temas, que percebemos na trama: o feminicídio, o machismo, o narcotráfico, o colonialismo, as classes sociais, o crime organizado, as submissões, as explorações, o poder; explicitá-los e tentar colaborar na compreensão de que esses conceitos se alimentam uns dos outros e, infelizmente, ganham força quando unidos. Por isso, nos pareceu importante chamar atenção para escolhas muito específicas do autor, como a de usar palavras e expressões que remetem diretamente às condições históricas e sociais do México. Um exemplo entre vários: uma personagem que se dirige a outra usando a palavra *"¿mande?"* — expressão legada pela história de exploração colonial do país —, ainda que não houvesse uma palavra exata em português que fizesse justiça à carga da expressão original. Durante todo o processo nos pareceu essencial que esses importantes detalhes da versão em espanhol não escapassem a quem quer que fosse ler a tradução em português.

O cuidado para que nada se perdesse e para não deixar o México passar despercebido fazia votos em duas razões: primeiro, a crença na capacidade que a arte tem de permitir que algo que tenha sido escrito e problematizado acerca de um lugar e uma sociedade específicos possa ser desdobrado para situações em outros lugares e tempos distantes; segundo — mas não menos importante, pelo contrário — reforçar a memória do pano de fundo real e histórico do qual a trama parte: os violentos feminicídios que colocaram Ciudad Juárez no mapa das notícias internacionais desde a década de 1990. A arte auxilia a compreender melhor as fissuras e feridas das sociedades, mas, neste caso, com tantas mulheres e famílias violentadas, além de colaborar para a compreensão social, há a importante ação de não esquecer o passado e torná-lo público (ainda mais quando ele infelizmente se mostra tão presente). Colaborar para relembrar esses casos no México torna-se também uma ordem pela importância de lembrar ao nosso Brasil de que ainda somos uma terra onde a integridade da mulher é constantemente abusada em processos de contínuas violências, muitíssimas vezes até a morte.

Kako Arancibia e Cibele Forjaz

OS CORPOS PERDIDOS

José Manuel Mora

Tradução Cibele Forjaz
Colaboração Kako Arancibia

A mente é seu próprio lugar, e nela mesma pode se fazer um paraíso no inferno, um inferno no paraíso.
— JOHN MILTON, *Paraíso perdido*

Queríamos, pobres de nós, pedir auxílio; mas não havia ninguém para vir em nosso socorro.
— PETRÔNIO

Povo, nada está proibido na minha fé./ Se ama e se bebe./ E se olha ao sol quanto se quiser. / E este deus não os proíbe de nada.
— RADOVAN KARADZIC (líder sérvio-bósnio responsável pela limpeza étnica na antiga Iugoslávia)

PERSONAGENS
Por ordem de aparição

EU

JUAN DEL VALLE (reitor da universidade)

GABRIELITA (secretária de Juan del Valle)[1]

MARCELLO LÓPEZ (juiz e professor de história)

MAIKEL (motorista de Juan del Valle)

SERGIO HERNÁNDEZ (jornalista)

ANTONIO REYES (suposto culpado)

FLOR RAMÍREZ NAVARRO (garçonete)[2]

ROSA (jovem)

SILVIA ELENA (jovem)

A MÃE DE ANTONIO REYES

---

[1] Sugiro que Gabrielita seja interpretada pela mesma atriz que fizer Silvia Elena.
[2] Sugiro que a personagem de Flor seja interpretada por um homem, e que este também faça Maikel.

A PROFESSORA BEATRIZ

MEU AMANTE

MÉDICO-LEGISTA

A FILHA DE MAIKEL (uma menina de 12 anos)[3]

---

[3] Sugiro que a filha de Maikel seja interpretada pelo mesmo ator que fizer Juan del Valle.

Um. PRÓLOGO

EU: O vazio, o que todos nós entendemos por vazio, não está vazio: tem uma densidade de energia escura que domina o Universo em grande escala. Isto nos obrigará a reformular muitas das leis da física que até agora temos aceitado de forma dogmática. Baseando-nos em explosões de estrelas muito distantes, temos chegado à seguinte conclusão: a expansão do Universo vai acelerando ao invés de — como nos caberia esperar sob a influência da gravidade — ir ralentando. Para explicar essa aceleração, 75% da energia do Universo tem de ser composta de algo estranho, uma substância que ninguém nunca tenha visto antes. Silêncio. No dia em que anunciei esses resultados, pedi a minha mulher que fizéssemos amor. Ela me perguntou se eu me lembrava do dia em que nos conhecemos. Eu disse pra ela que sim, que me lembrava de tudo perfeitamente. E logo ela se despiu e... (não sei se devo contar isto...) se deitou de costas sobre a cama apoiando o peso do seu corpo nos joelhos e me pediu que fizesse por trás, que abafasse seus gritos com a palma da minha mão e que, com a outra, beliscasse seus mamilos... Tudo isso me pareceu muito triste. De alguma forma intuía que ela, a mulher que eu havia conhecido dez anos antes na Universidade Complutense de Madri e com a qual tive duas filhas, estava a ponto de me abandonar. Mas eu o fiz mesmo assim . Fiz sem falar. Tal como ela me pediu. O fiz com tristeza e, de algum modo, desfrutando a posse de um corpo a ponto de desaparecer. Teve três orgasmos. Abracei-a. Ela me disse: "Te amo." E eu: "Você é a coisa mais importante que me aconteceu na vida." E ela: "Cuida das meninas. Cuida bem da Ana, a pequena, ela é muito frágil." E chorou e eu a abracei e lhe disse: "O que te aconteceu?" E ela: "Vou embora, amanhã sairei de casa muito cedo para não acordar as meninas e não voltarei mais." E eu não pude abrir a boca e tudo começou a acelerar. Bebi meia garrafa de uísque e escutei uma e outra vez "Uma furtiva lágrima" de *O elixir do amor*, e fiquei um tempo sem dizer nada, sem fazer nada, quieto, vazio. E então tudo caiu sobre mim: as grandes distâncias do Universo, os milhões de anos-luz, a teoria da relatividade, a possibilidade de coexistência de Universos paralelos, a constante que rege a expansão do Universo, os homens que estão à frente de seu tempo, a frase que Thomas, meu companheiro nesses momentos, me disse no dia em que nos conhecemos —"Nas provas teóricas acredito sempre com a razão, mas nisso da energia escura o estômago me diz que há algo suspeito"—, minha mulher, minhas filhas, minhas filhas nadando na piscina, minhas filhas cobertas pelo roupão recém-saídas da água, minhas mãos secando-as, minha profissão e a oferta de Thomas para me transferir para a universidade de Ciudad Juárez. Silêncio. Ao amanhecer, antes de deixar a casa, minha mulher me olhou nos olhos e disse: "Não se esqueça de acordar as meninas, fique um pouco nas camas delas para que não notem a minha ausência, pare de beber, tome uma ducha e não esqueça de levar elas pro colégio." Antes de acordá-as, liguei para Thomas e lhe disse que aceitava o posto. Silêncio. Os senhores se perguntarão por que eu lhes conto tudo isso em vez de deixar que os atores interpretem os seus papéis. Pra ser sincero, tenho de aceitar que não sei... mas o estômago me diz que tudo isso tem a ver com algo estranho... algo que ninguém viu antes... com uma energia escura que fará com que todos os nossos atos precipitem de uma forma convulsa e irracional... ao menos é isso que pensei enquanto acordava minhas filhas aninhado-me junto ao calor dos seus lençóis e acalmava Ana, a pequena, que acabava de ter um pesadelo. Silêncio. Passadas duas semanas, depois de deixá-las com seus avós e me despedir delas como se fosse voltar a vê-las no final do dia, o ilustríssimo senhor reitor da Universidade de Ciudad Juárez, Juan del Valle Martínez, me recebe no escritório de um belo edifício colonial. Ele diz:

Dois. A ÁRVORE SEM NOME DE FLORES VIOLETA

JUAN DEL VALLE: Gabrielita.

EU: E Gabrielita:

GABRIELITA: Estou aqui para lhe servir.

JUAN DEL VALLE: Água.

EU: E Gabrielita traz dois copos d'água. O reitor Juan del Valle me mostra orgulhoso sua coleção de diferentes edições do *Quixote* e me convida a conhecer a cidade: a maquete de um cenógrafo maneirista sobre as dobras de um sexo de mulher.

JUAN DEL VALLE: Ciudad Juárez.

GABRIELITA: Silêncio.

EU: Subimos no relógio que vigia a cidade desde o ponto mais alto do mercado... Visitamos a pintura em mural partidária da prefeitura da cidade... Retratos de crianças mortas vestidas de anjos e rostos em sépia de mulheres indígenas acompanhadas de seus maridos... E me ofereceu um Choco Milk.

JUAN DEL VALLE: Nunca provou um Choco Milk? Você não pode ir embora do México sem experimentar.

EU: Esta é a imagem: o reitor e eu caminhando pelo chão empedrado de Ciudad Juárez. Eu com meu Choco Milk e o reitor cumprimentando os habitantes com os quais cruzávamos.

JUAN DEL VALLE: Lhes apresento o meu amigo espanhol. Professor universitário. Veio da pátria-mãe para ensinar física aos nossos índios.

EU: O reitor Juan del Valle me convida para comer no restaurante La Flor, administrado pela senhora Flor Ramírez Navarro. O reitor Juan del Valle diz:

JUAN DEL VALLE: Gabrielita, diga a Maikel que nos busque em cinco minutos.

EU: Toca a buzina. Descemos. Na entrada, nos encontramos com Marcello López, um homem atarracado de traços mestiços, juiz e professor de história e antropologia da Universidade de Ciudad Juárez. O reitor Juan del Valle diz:

JUAN DEL VALLE: Te alcançamos. Aonde vai?

MARCELLO LÓPEZ: Vou buscar minha filha no colégio.

JUAN DEL VALLE: Vem, te levamos.

EU: Maikel, o motorista, não olha pra nenhum dos presentes. O juiz ao reitor:

MARCELLO LÓPEZ: Dá pra perceber que esse aí você já tirou do castigo, seu filho da mãe. Olha como o filho da puta caminha com as pernas abertinhas!

JUAN DEL VALLE: Sim, já o tirei do castigo.

EU: Entramos no carro.

JUAN DEL VALLE: Por que o banco está molhado?

MARCELLO LÓPEZ: Você ainda não disse pra esse sacana que a camisinha só se tira depois do final?

JUAN DEL VALLE: Esses aí não se tocam da sorte que têm!

MARCELLO LÓPEZ: Olha, você podia estar na rua quebrando calçadas!

EU: Maikel continua sem levantar os olhos do volante.

JUAN DEL VALLE: Vamos primeiro ao colégio deixar o doutor e, em seguida, para o La Flor, para que nosso ilustríssimo espanhol conheça a comida mexicana. Como se chama essa árvore de flores violeta?

EU: Maikel olha somente o volante.

JUAN DEL VALLE: Como se chama essa árvore de flores violeta?

EU: Maikel segue com os olhos cravados no volante.

JUAN DEL VALLE: Você sabe como se chama essa árvore de flores violeta?

EU: O reitor golpeia o pescoço dele. Chegamos no colégio. O juiz desce e me diz:

MARCELLO LÓPEZ: Encantado, estou à disposição para servir ao senhor e à pátria mãe.

EU: Continuamos. Deserto. Cactos. Vinte minutos sentado na parte traseira de um peregrino[4] preto de vidros fumê. Num velho rádio transistorizado toca "La llorona". Juan del Valle faz um sinal para que Maikel desvie da rodovia principal. Os vidros

---

[4] No México, tipo de carro que esteve na moda entre jovens de classe alta nos anos 1990, especialmente os de cor preta.

se fecham. Começo a suar. Tento manter una conversa trivial. Um elogio à árida beleza da paisagem diante da coloração da cidade. Minhas mãos tremem. Sei o que vai acontecer: o horror se torna tão real quanto as flores violeta das árvores que Maikel não conhece. Juan del Valle diz:

JUAN DEL VALLE: Nunca paro em casa nos sábados. Se minha filha diz que quer tomar café da manhã em uma praia de Michoacán pegamos o carro e vamos para Michoacán. Quanto tá saindo a passagem de avião para a Espanha? Eu gostaria de voltar e comer lulas na Plaza Mayor. É incrível!

EU: Um cachorro morto se decompõe no asfalto. No horizonte somente se vislumbra uma fina película de pó no celeste do céu mais bonito que já vi na minha vida. Maikel estaciona o carro. Se olham. O motorista tira suas roupas, se deita sobre a areia do deserto e se coloca na posição de decúbito dorsal. Juan del Valle me olha nos olhos e diz:

JUAN DEL VALLE: Manda ver! O que você quiser.

MAIKEL: Não seja covarde, anda, me bate, quanto antes tudo isso termine, melhor.

EU: O primeiro me custa. O segundo, um pouco menos. O terceiro vai no automático. E desde então eu faço parte. Busco. Facilito. Engano. Proporciono informação. Calo. Recebo. Dou. Oculto. Fecho os olhos. Faço com que outros fechem os olhos. Jogo. Contribuo. Para que alguns corpos desfrutem outros têm que desaparecer.

JUAN DEL VALLE: Quando chega sua filha?

EU: Eu lhe disse. E o motorista se veste como se nada tivesse acontecido.

JUAN DEL VALLE: Que teria sido de nós sem a conquista![5]

EU: Almoçamos no La Flor sob o celeste do céu. O caminho de volta é insípido comparado com o caminho de ida. O reitor Juan del Valle para Maikel:

JUAN DEL VALLE: Deixe nosso convidado espanhol no seu hotel.

EU: De volta ao hotel peço pra Maikel que me deixe beijá-lo. Posso te beijar?

MAIKEL: Como, senhor?[6]

JUAN DEL VALLE: Bem-vindos a Ciudad Juárez.

Três. PIADAS

1) Qual a semelhança entre as mulheres e as formigas? Assim que você tapa o buraco delas, elas ficam loucas.

2) O que uma mulher faz com um papel em branco? Reclama seus direitos.

---

[5] Referência à Conquista do México ou Conquista do Império Asteca, que resultou na submissão da civilização asteca pelo império espanhol.

[6] No original, a personagem pergunta "*¿mande?*", uma expressão tipicamente mexicana, reconhecida como legado do colonialismo, demonstrando inferioridade daquele que a diz em relação àquele a quem é direcionada.

3) O que uma mulher faz depois de fazer amor? Incomoda.

4) Qual a diferença entre as mulheres e as meninas? As meninas você leva pra cama para contar uma historinha, às mulheres você conta uma historinha para levá-las pra cama.

5) Por que as mulheres têm quatro neurônios? Um pra cada boca do fogão.

6) Como é a mulher perfeita? Tem meio metro, com a cabeça chata, orelhuda, sem dentes e muito feia. Por quê? Meio metro para que a altura bata exatamente na cintura, orelhuda para conduzi-la com facilidade, com a cabeça chata para você ter um lugar pra colocar sua cerveja, sem dentes pra não te machucar a rola e muito feia para que nenhum filho da puta a roube.

7) Defina uma mulher: um conjunto de células organizadas que rodeiam uma vagina.

8) Em quantas partes se divide o cérebro de uma mulher? Depende da força da porrada!

9) Por que as mulheres não conseguem contar até setenta? Porque quando chegam no sessenta e nove já estão com a boca cheia.

10) Quanto tempo leva para uma mulher morrer de um tiro na cabeça? Umas sete ou oito horas, depende de quanto tempo a bala leve para encontrar o cérebro.

Quatro. O CORAÇÃO DELATOR

EU: O jornalista Sergio Hernández e Antonio Reyes nas instalações do presídio de Ciudad Juárez.

SERGIO HERNÁNDEZ: O suposto culpado dos assassinatos de mulheres, Antonio Reyes, dará uma coletiva de imprensa. Insiste em clamar sua inocência e revelar quem são os verdadeiros culpados dos homicídios de mais de quatrocentas mulheres em Ciudad Juárez. O preso se faz esperar por cerca de 15 minutos em uma repartição próxima ao endereço do presídio repleta de repórteres, câmeras e fotógrafos. Por fim, chega um homem de 1,90 metro de altura e olhar aquilino. Em suas mãos de gigante leva um caderno espiralado, de folhas amarelas, e anuncia que, antes de revelar os nomes, contará uma história aos presentes.

ANTONIO REYES: Era uma vez um homem que ouvia tudo o que se pode ouvir na terra e no céu. Havia se apaixonado pelo olhar de uma garota de um bairro pobre da cidade. Pela cor de seus olhos. Um celeste que gelava o sangue. Um dia não conseguiu suportar mais e decidiu matá-la e livrar-se daquele olhar para sempre. Todas as noites, perto da meia-noite, quando a cidade dormia, abria a porta de seu quarto com muita suavidade para não acordá-la, e apontava para o celeste de seus olhos com o raio de luz de uma lanterna. Assim esteve o homem que ouvia tudo que podia se ouvir durante oito dias e sete noites. Ao chegar a oitava noite, sentiu que a garota se movia repentinamente na cama, como de sobressalto... seu quarto tinha se transformado em um buraco negro... e o homem sabia que assim que atravessasse a abertura daquela porta as leis que determinariam seus atos seriam outras. Se preparava para acender a lanterna quando a garota levantou as costas do leito gritando: quem está aí?

O homem permanece imóvel.
Durante uma hora inteira não move nenhum músculo.
A garota continua sentada na cama.
O homem volta a acender a lanterna e a apontar para o celeste de seus olhos. Nesse momento, chega aos seus ouvidos um ressoar apagado, como o som que faz um relógio enrolado em algodão.
É a batida do coração da garota.
Isso aumenta ainda mais sua fúria.
O coração da garota parece explodir.
O homem faz tudo como estava previsto.
Durante vários minutos o coração segue batendo com um som abafado.
O celeste de seus olhos se dilui.
A garota morre.
Um ligeiro zumbido de abelhas.
O zumbido vai se fazendo cada vez mais intenso.
E aqui começa a verdadeira história: em Ciudad Juárez se esconde um dos maiores segredos do mundo. Mas ninguém que conheça a verdade — e a verdade é somente uma — poderá pronunciá-la em voz alta e sair ileso. O pior de tudo é que quando alguém entra e vê tudo o que não se pode ver, se excita, e quando se está excitado já não se pode voltar atrás. O que se pode fazer, então? O que se pode fazer quando alguém já viu tudo o que não se pode ver?

SERGIO: Um repórter o interrompe e exige que ele diga nomes.

ANTONIO: O reitor Juan del Valle e o funcionário judicial Marcello López. Por trás deles há nomes poderosos.

SERGIO: Alguns repórteres se olham decepcionados. Outros zombam. As mãos de Antonio transmitem a ansiedade que sente. Insiste em sua inocência. Se despede dos jornalistas. O aterroriza a ideia de passar o resto de sua vida no presídio de Ciudad Juárez contemplando o deserto mexicano.

ANTONIO: Meu mundo é o deserto, e todos temos que tomar consciência disso: o deserto é o único que sobreviverá a nós.

SERGIO: Um ligeiro zumbido de abelhas.

EU: Blecaute.

Cinco. A SENHORA FLOR RAMÍREZ NAVARRO

EU: A senhora Flor Ramírez Navarro no restaurante La Flor. Com letras vermelhas e bem grandes: rua Miguel Hidalgo, nº 29, bairro La Sauceda, Ciudad Juárez. E na borda inferior, tudo com letra muito pequenina: "Serviços para eventos especiais."

FLOR: Este é o cartão que dou ao senhor espanhol que acompanha o reitor Juan del Valle. Estou aqui para servi-los, repito, enquanto me retiro na minha cadeira de inválida, girando com força — mais do que força, coragem — as rodas que me acompanham desde que Deus quis que me amputassem as duas pernas, e, assim, vou me retirando sem nunca virar as costas pra eles, pensando nos meus passos com uma nostalgia inflamada, na elegância com a qual minhas extremidades caminhavam e se mantinham sobre a terra, e assim, sem pernas, com uma prótese e economizando para a outra, vou me retirando depois de ter desejado a eles uma feliz refeição e estada em Ciudad Juárez. "Uma cidade bem fantástica, não é verdade, senhor?" O reitor não para de me olhar, me crava seu olhar aqui, no decote, e o sinto baixar, úmido, pegajoso, como os restos de feijão que minha filha Rosa, ao entardecer, limpa a cada dia dos restos de frigideiras e panelas. O reitor diz algo ao seu convidado, que parece pálido, aturdido, como se ainda não tivesse se acostumado às leis que governam este canto do mundo, enquanto vou me retirando pouco a pouco... mas justamente antes de eu virar as costas e desaparecer... me armo de coragem, crescem em mim duas pernas e ali, no restaurante La Flor, na varanda do meu restaurante, açoitada pelo vento do deserto, rodeada de mexicanos que se definham mas que até isto, definhar, o fazem com amor, vou e solto na direção deles: "Filhos da puta, porcos, covardes, incomodem a sua mãe, ou sua irmã ou sua filha, fodam elas até que se destroçem se vocês têm colhões, suas bichas, vocês são todos umas bichas, senão como raios pode se explicar que num país cheio de machos tenham metido em nossos cus tantas vezes, putos, fodam-se entre vocês até rasgar o cu, mamem das rolas uns dos outros e se envenenem. Cada vez que minha filha, Rosa, sai pra rua, eu me tranco no banheiro pra vomitar, vomito todo dia desde que minha Rosa sai com moleques, sim, em vez de adormecer, vomito, às vezes dentro da privada, outras fora, e esse medo que me come por dentro faz vocês subirem pelas paredes, não é verdade? Vocês se excitam com nosso medo, estupram cada um de nossos buracos, cortam nossos mamilos com alicates, nos acertam centenas de facadas, quebram nossos pescoços como se fôssemos lebres recém-nascidas, nos cortam em pedaços, nos empacotam em sacos de lixo e nos jogam no deserto! Algum dia eu mesma — se tivesse coragem para fazê-lo, meu Deus! — enfiarei meu punho em vocês e lhes arrancarei — como quando limpo as vísceras dos cordeiros que a cada ano sacrifico, com a mesma força e o mesmo amor, o mesmo amor com que todos nós mexicanos nos definhamos em silêncio — as entranhas." Silêncio. Isso é o que gostaria de dizer, mas na realidade não fiz isso, só na minha cabeça. "Como, professor? Sim, tratarei dele bem, como um convidado do senhor merece. Sim, eu incluo no preço. Não, não o enganarei. Os clientes como você não se enganam. Espero você no mesmo lugar de sempre. Atrás do restaurante. Sob a marquise."

EU: Blecaute.

Seis. NO LAS MAÑANITAS

EU: Rosa e Silvia Elena no Las Mañanitas.

ROSA: Me tira pra dançar assim que me vê. Me marca assim que entro e me faz uma cara de "vou te tirar pra dançar".

SILVIA ELENA: E você dança?

ROSA: Claro, ia fazer o quê?

SILVIA ELENA: Como ele é?

ROSA: Boa-pinta. Você gostaria muito dele. Alto. Corpo de esportista. Olhos claros. Fala inglês e sabe muito de computadores e desertos.

SILVIA ELENA: E como te notou?

ROSA: Disse que eu tenho os cabelos mais bonitos do mundo. Que fazem ele se lembrar da crina de um cavalo que ele tinha quando era pequeno na sua fazenda.

SILVIA ELENA: Tem uma fazenda?

ROSA: Uma, não. Tem pelo menos três ou quatro.

SILVIA ELENA: E você falou de que com ele?

ROSA: De mim.

SILVIA ELENA: Mas contou o quê?

ROSA: Ué, que também entendo de computadores. Que agora mesmo trabalho no restaurante da minha mãe, mas que isso é provisório, que eu gosto mesmo é de cortar cabelos, e assim que eu economizar monto um salão no centro de Ciudad Juárez... Bom, se não for no centro, então num dos bairros dos arredores... E, além de cortar cabelo, farei limpezas de pele pelo mesmo preço, e assim que o negócio estiver um pouco mais estável, quero me casar, formar uma família, para que minhas filhas não tenham que trabalhar aos 14 anos e possam frequentar um bom colégio. Quero ter uma secretária — porque chegará um momento no qual não vou dar conta sozinha do salão, e precisarei de alguém que me ajude e que também entenda de computadores, claro. Você gostaria de ser minha secretária? E quero morar em uma casa de quatro quartos: um para as meninas — no caso de termos duas —, um para o menino, outro para nós, com uma cama grande de casal e um quadro da Virgem de Guadalupe, em tamanho natural, na cabeceira da cama, e outro quarto para minha mãe, porque isso, sim, cuidar da minha mãe vai ser responsabilidade minha... Por isso expliquei pra ele que a casa teria que ser de um andar só... para que minha mãe possa se locomover com facilidade ou se não, se tiver mais de um andar, que então teríamos que instalar uma dessas cadeiras elevatórias que as inválidas ricas têm... Como se chama aquele filme da Katharine Hepburn em que ela é muito rica e tem uma cadeira dessas?

SILVIA ELENA: Eu de cinema antigo vi muito pouco.

ROSA: Mas passa muito na televisão... Tem alguma coisa de verão.

SILVIA ELENA: *A lagoa azul*!

ROSA: O que isso tem a ver com verão?

SILVIA ELENA: Nesse é sempre verão.

ROSA: Mas esse outro é um clássico.

SILVIA ELENA: Não me vem nada na cabeça.

ROSA: Bom, o negócio é que se tem dois andares tem que ter uma cadeira elevatória, você sabe que o que minha mãe tem vai piorar, e ainda mais sem remédio algum, se chegasse a morrer seria um alívio pra mim!

SILVIA ELENA: Que coisa pra se dizer!

ROSA: É a verdade.

SILVIA ELENA: E no que deu com o cara?

ROSA: Que cara?

SILVIA ELENA: O que tem três ou quatro fazendas.

ROSA: Ué, nada, depois de dançar me deixou em casa de carro. Ali, ele tentou fazer aquilo, mas sem chance. Disse pra ele que eu precisava de tempo e que seria melhor ir aos poucos do que fazer tudo na força do impulso. Que de cara assim a coisa não tem graça. Então, me levou pra casa e me deu um beijo nos lábios.

SILVIA ELENA: Nos lábios?

ROSA: Não exatamente.

SILVIA ELENA: Onde então?

ROSA: Aqui, entre os lábios, a boca e a bochecha.

SILVIA ELENA: Com a língua?

ROSA: Só a ponta.

SILVIA ELENA: Você sentiu o quê?

ROSA: Cosquinhas.

SILVIA ELENA: Onde?

ROSA: Aqui.

SILVIA ELENA: E não te deu medo?

ROSA: Medo? Por que ia me dar medo?

SILVIA ELENA: Você não sabe nada dele.

ROSA: Bom, logo irei conhecendo ele. Além disso, tem cara de boa pessoa, me paga as bebidas e quer me levar ao cinema.

SILVIA ELENA: Tem razão. Quando vai voltar a ver ele?

ROSA: É que não é fácil. Não é fácil porque agora mesmo não pode se mover.

SILVIA ELENA: Também é inválido?

ROSA: Não, não, nada de inválido. Está na prisão. Mas só de passagem. Não é nada grave. Disse que bateu na sua antiga mulher quando a viu falar com outro homem.

SILVIA ELENA: Então é casado?

ROSA: Sim, isso é que é ruim. Mas disse que, quando sair, quer mudar de vida, e que esse casamento pode ser anulado com não sei qual papel da igreja... Todo mundo merece uma segunda chance, não? E se eu me caso, quero que seja de branco! Por agora só podemos manter contato por carta.

SILVIA ELENA: Posso ler?

ROSA: Não. Me pediu que eu queimasse as cartas assim que eu as lesse. Não quer que ninguém saiba da gente. Lembrei!

SILVIA ELENA: Quê?

ROSA: O filme da Katharine Hepburn! *De repente, no último verão*. Minha mãe ama, claro, se identifica com a protagonista.

SILVIA ELENA: Vamos ver se tem esse na locadora...

ROSA: É muito bonito e muito triste. A protagonista está apaixonada por um cara que é meio putão, muito mais jovem do que ela, e não consegue esquecê-lo. É muito mais complexo do que isso que estou te contando, mas basicamente é isso: ela nunca consegue esquecer.

SILVIA ELENA: E por que ficou inválida?

ROSA: Eu que sei... Talvez estivesse bêbada e teve um acidente. Dessa parte não me lembro muito bem. Nos filmes clássicos a pessoa fica triste, bebe e sofre acidentes.

SILVIA ELENA: Como no Las Mañanitas.

ROSA: É verdade, como no Las Mañanitas.

SILVIA ELENA: O povo está triste.

ROSA:	O povo bebe.
SILVIA ELENA:	E sempre tem um ou outro acidente.
EU:	Blecaute.

Sete. O DESERTO OU O CORPO DE ROSA

EU: Antonio Reyes e eu na sala de visitas do presídio de Ciudad Juárez com vista pro deserto; Rosa em seu quarto. Assim?

ANTONIO REYES: Essa letra, não, ela não vai entender. Algo mais romântico, como as letras que tem nos convites de casamento.

EU: Assim?

ANTONIO: Um pouco mais esticadas e esbeltas.

EU: O que você quer contar a ela nesta carta?

ANTONIO: Quero falar do deserto e dos meus planos futuros. Eu te digo as ideias e em seguida você já vai escrevendo elas bem, e não se esqueça de lembrar a ela que ninguém mais pode ler o que eu lhe escrevo. Que queime a carta enquanto a lê. Vamos lá:

ROSA: "O deserto, Rosa, me lembra teu corpo. O deserto, Rosa, ainda que vivo, parece viver à margem de tudo. A pele de ambos é dourada e se cansa, Rosa, a pele do deserto se cansa tanto quanto teu corpo quando trepamos durante horas. O que vejo através da minha janela, Rosa, é o próprio deserto. Meu mundo é o deserto, e todos temos que tomar consciência disto: o deserto é o único que sobreviverá a nós."

EU: O que você quer dizer com "o deserto é o único que sobreviverá a nós"?

ANTONIO: Rosa vai entender, e você escreve, que a visita não dá pra muito. Vamos lá:

ROSA: "Pois é a mesma coisa. Este mundo é igual. Se chove, as plantas florescem. Se não chove, secam. Os insetos são devorados pelas lagartixas; e as lagartixas, pelos pássaros. Mas, definitivamente, todos acabam morrendo. E depois de mortos, secam. No fim, só resta o deserto. O deserto é o único que vive de verdade. E quando para alguém o deserto é tudo o que lhe resta, esse alguém chega a imaginar todo tipo de criaturas estranhas surgindo do deserto, tamanha é a vontade de sentir que há alguém neste mundo que nos queira de verdade e que se preocupa com a gente. Quando te conheci, Rosa, troquei o deserto pela sua pele; você não vai acreditar, mas desde então, quando olho através da minha janela o que eu vejo, Rosa, é sua pele."

ANTONIO: Escreve isso rápido antes que eu me esqueça:

ROSA: "Olha, Rosa, eu não tenho nada a ver com tudo o que está acontecendo, o que eu quero é te fazer feliz e ficar velho com você e te levar num lugar que conheço cheio de palmeiras, cactos e sofás muito confortáveis onde as pessoas bebem mojitos e parecem felizes enquanto seus filhos brincam em um parquinho. Ninguém pode parar o que está acontecendo, Rosa, ninguém, Rosa, por isso te peço que não saia do lado da sua mãe, que você não saia a não ser quando eu possa te buscar no meu carro, e que você se esconda antes que o que está acontecendo te pegue."

ANTONIO: Por que não escreve?

EU: Não continue.

ANTONIO: Escreve, por favor.

EU: Não fale do que não deve.

ANTONIO: Falo do futuro, dos meus planos para o futuro.

EU: É melhor que ela não saiba nada.

ANTONIO: Escreve.

EU: Você vai envolvê-la.

ANTONIO: Rosa, sou inocente.

EU: Ninguém é inocente.

ANTONIO: Rosa, sinto a sua falta.

EU: Nem mesmo eu, que escrevo suas palavras, sou inocente.

ANTONIO: Rosa, te amo.

EU: O amor não tem nada a ver com o que está acontecendo.

ANTONIO: Escreve!

EU: Posso te ajudar.

ANTONIO: Como? Você faz parte. Você busca. Facilita. Engana. Fornece informação. Cala. Recebe. Dá. Oculta. Fecha os olhos. Faz com que outros fechem os olhos. E uma vez que você entra, você faz parte. Você joga. Contribui. Para que os corpos de vocês desfrutem, outros têm que desaparecer. Como vai me ajudar?

EU: Posso salvar a Rosa.

ANTONIO: Rosa?

EU: Posso mantê-la a salvo.

ANTONIO: A salvo?

EU: Nós dois sabemos como funciona isso, não?

ANTONIO: Abandone o país, volte para a Espanha, e de lá divulgue a lista negra. Proclame minha inocência. Avise a quem tenha que avisar. Mova céu e terra. Me salve.

EU: Todos nós estamos de alguma maneira na lista negra.

ANTONIO: Então, que cada um carregue seu pedaço de culpa.

EU: Me matariam.

ANTONIO: Estando fora tudo será diferente. Te protegerão.

EU: Quem?

ANTONIO: O governo.

EU: Os que mandam nunca protegem ninguém.

ANTONIO: Escreve.

EU: Farei o que posso.

ANTONIO: Vamos lá:

ROSA: "Rosa, a vista do deserto, a lembrança de teu corpo cansado depois de trepar durante horas, a pele do deserto, Rosa, sua pele, me mantém a salvo."

ANTONIO REYES: Ponto final.

EU: Blecaute.

Oito. AS MÃOS QUE DERAM À LUZ ANTONIO REYES

EU: A mãe de Antonio Reyes no gabinete do juiz Marcello López.

A MÃE: Olhe minhas mãos, senhor juiz, olhe para elas, estas são as mãos que trouxeram o mesmo Antonio Reyes ao mundo, as primeiras mãos que o seguraram encharcado como veio de sangue e placenta enquanto dava seu primeiro choro... Eu mesma dei banho nele numa bacia de água quente que me foi preparada por algumas colegas da fábrica de bonecas de papel; a fábrica em que passei metade da vida trabalhando, senhor juiz, para que os filhos dos turistas possam brincar com bonecas de traços indígenas... mas, apesar de tudo, nós também nos divertimos costurando olhos e pintando bocas... Quanto nós rimos com a Juana! Tadinha dela, tem um câncer que a está comendo inteira! Mas não tem nada, não, que não somos ninguém, senhor juiz, quando uma de nós está melhor, logo vem algo de ruim e não tem jeito... Pois esta mesma da qual te falo foi quem preparou essa bacia de barro onde lavei pela primeira vez o corpo recém-nascido de Antonio Reyes, não sei durante quanto tempo... não pode ter sido muito, mas pra mim pareceu uma eternidade, senhor juiz; dei banho nele ainda preso a mim pelo cordão, você não acha estranho, senhor juiz, que todos os humanos venhamos pro mundo já atados a outros? E no tempo no qual ainda permanecemos unidos aconteceu algo muito estranho... foi em plena luz do meio-dia... diante do olhar de todas as minhas colegas... Cristina secava o suor da minha testa... Cristina: presa numa casa com um Alzheimer que deixa todos os seus filhos loucos porque não há ser humano que dê conta dela! Como nós humanos somos, senhor juiz! Chegamos ao mundo atados e numa certa idade precisam voltar a nos atar... Quem vai tomar conta de todos nós que sobramos, senhor juiz?... E foi aqui que aconteceu tudo, no curto — e eterno para mim — tempo no qual ainda estive atada a ele, me introduzi em seu corpo e, desde então, senhor juiz, vejo seus sonhos, conheço seus pensamentos mais vergonhosos, estou em cada tremor, em cada espasmo da sua alma, escuto sua voz interior, seus impulsos irracionais, suas emoções inexpressáveis, e eu faço tudo isso, senhor juiz, sem o menor esforço, movida somente pela devoção e pelo amor que sinto por meu filho. Silêncio. Olhe minhas mãos, senhor juiz, olhe para elas, você acredita que estas mãos tenham podido trazer ao mundo o monstro que você anda buscando? Alguém terá que se responsabilizar por tudo isso, não é assim? Quanto vou receber para que você utilize meu filho como bode expiatório? Você realmente acredita — olhe minhas mãos — que meu filho pôde fazer tudo isso? Silêncio. Senhor juiz, não notou nada de estranho na minha mão direita? Me faltam três dedos. Cem mil pesos por cada um deles. Quanto vocês vão pagar por um filho? Quanto vale um filho, senhor juiz? Quanto vale um filho que tenha quatrocentas mortas e mais de mil desaparecidas nas costas? Tudo o que Antonio Reyes vê, eu já vi primeiro, antes que algo aconteça, eu já pressenti. Na semana que vem matarão duas novas garotas, seus cadáveres aparecerão no lixão El Chile e ninguém fará nada. Silêncio. Senhor juiz, o senhor estudou muito para chegar aonde chegou, eu faço ideia... mas os livros não tornam uma pessoa mais justa, ou tornam? E se é assim, suponho, senhor juiz, que o senhor será capaz de impor limites a tudo isso, não? Mas para impor limites há de se estar de fora, porque uma vez que alguém está dentro se excita, e uma vez que alguém já se excitou, não há como dar marcha à ré... mas o senhor pode ver tudo o que acontece daí da barreira dos que observam sem acreditar no que veem... Não é assim, senhor juiz? O senhor: a medida, o justo, a balança, a ordem, o progresso, a razão, o instruído, há de fazer algo. Faça o senhor algo por meu filho. Faça o senhor algo — olhe minhas mãos, senhor juiz — pelas velhas mãos que durante um tempo, uma eternidade para mim, seguraram o corpo em que vocês depositaram os seus próprios monstros. Acalme-se, senhor juiz, olhe minhas mãos e acalme-se. Você não acha que com estas mãos eu podia ter sido pelo menos pianista?

Nove. O JUIZ MARCELLO LÓPEZ

MARCELLO LÓPEZ: Às vezes tenho vontade — sobretudo nos meus dias livres — de sair para passear com a professora, sabe, senhora, de me mostrar em público com ela, de ir comer em um restaurante do centro onde com certeza encontrarei com um e outro conhecido a quem apresentarei a professora: esta é minha namorada, Beatriz, professora de escola. Depois de comer, provavelmente iríamos ao seu apartamento repleto de livros para fazer amor e, em seguida, uma sesta, e iríamos ao cinema e depois tomaríamos algo, um sorvete, ou um refresco, ou uma cerveja bem gelada. A felicidade perfeita, senhora, observe bem. Com tudo o que está acontecendo, lá vou eu e me apaixono... Mas Beatriz não quer nem ouvir falar de uma relação. Um encontro por semana é suficiente. Isso é tudo. Enquanto descansamos pelados no seu quarto repleto de livros, me confessa que às vezes sonha em sair de Ciudad Juárez e abandonar tudo de forma radical. Quando pronuncia a palavra radical, os olhos dela brilham.

Dez. O SONHO DE BEATRIZ

EU: No quarto da professora, está nos braços do juiz.

BEATRIZ: Sonho com fazer amor em mil posições diferentes até dormirmos e abandonar tudo de uma forma radical.

MARCELLO LÓPEZ: Você não tem que abandonar nada porque eu gosto de você tal como você é.

BEATRIZ: Gosta?

MARCELLO LÓPEZ: Em excesso.

BEATRIZ: É a primeira vez que faço amor com um homem.

MARCELLO LÓPEZ: É sua primeira vez?

BEATRIZ: Sim.

MARCELLO LÓPEZ: Até parece!

BEATRIZ: Juro, é minha primeira vez.

MARCELLO LÓPEZ: Fiz bem?

BEATRIZ: Isso eu não saberia te dizer.

MARCELLO LÓPEZ: Por quê?

BEATRIZ: Ora, porque nunca experimentei com outros.

MARCELLO LÓPEZ: Por que eu?

BEATRIZ: Não tinha muito tempo.

MARCELLO LÓPEZ: Como?

BEATRIZ: Não costumo sair.

MARCELLO LÓPEZ: E o que você fazia então no Las Mañanitas?

BEATRIZ: Queria trepar com um homem antes de abandonar tudo de forma radical.

MARCELLO LÓPEZ: E ir para onde?

BEATRIZ: Em direção a uma vida nova sem México e sem mexicanos.

MARCELLO LÓPEZ: E se alguém te propusesse viver juntos?

BEATRIZ: Fora do México e sem mexicanos?

MARCELLO LÓPEZ: Comigo e com minha filha. Eu preciso de uma mulher e ela, de uma mãe, sabe? Às vezes não sei como tratá-la, não sei como brincar com ela, que histórias contar. Então, mais do que nunca penso que há coisas que jamais saberia explicar pra ela. Não sei... pensei que... a menina é educada... passa tempo demais sozinha... e eu gostaria de voltar a formar uma família.

BEATRIZ: Você mal me conhece.

MARCELLO LÓPEZ: Mas você é boa mulher.

BEATRIZ: Como sabe?

MARCELLO LÓPEZ: Tem muitos livros e seu quarto é limpo.

BEATRIZ: Não suporto mais isso.

MARCELLO LÓPEZ: O quê?

BEATRIZ: Isso.

MARCELLO LÓPEZ: Seu quarto?

BEATRIZ: Tudo.

MARCELLO LÓPEZ: A vida em Ciudad Juárez?

BEATRIZ: A morte em Ciudad Juárez.

EU: Blecaute.

Onze. EU (I)

EU: Hoje me levanto muito cedo. Por volta das 4 da manhã. Não posso dormir. Tento não fazer barulho. Ou o barulho mínimo que se faz ao se levantar. Deslizo lentamente entre os lençóis. Os lençóis que têm cheiro agridoce. Um cheiro concentrado de esperma infecundo. Tudo o que não tem aonde ir termina apodrecendo entre os lençóis de duas pessoas que se amam. Meu amante dorme encolhido. Olho o céu através do vidro. Ainda falta para que amanheça. Me sento na quina da cama. Estico as pontas dos dedos dos pés pra cima e penso: duas na próxima semana. Preparo o café. Observo as seis rosas laranja que meu amante costuma comprar toda segunda-feira. Bebo duas xícaras de café amargo. Inalo ar. Uma forte dor no plexo solar enquanto repasso mentalmente todos os detalhes do plano traçado.

Doze. ESTRELAS

EU: Meu amante e Silvia Elena no Las Mañanitas. Toca Los Tigres del Norte.[7]

MEU AMANTE: Sabia que em algumas estrelas a força da gravidade é tão poderosa que impede que a luz irradie pro exterior?

SILVIA ELENA: E o que é a força da gravidade?

MEU AMANTE: É o que faz com que você e eu fiquemos presos com os pés na terra.

SILVIA ELENA: Se não tivesse gravidade você e eu flutuaríamos?

---

[7] Popular banda de *música norteña*, um gênero de música regional mexicana. Algumas de suas letras trazem temas do subgênero *narcocorrido,* no qual normalmente são narradas vivências das gangues do narcotráfico que atuam no México.

MEU AMANTE: Sim.

SILVIA ELENA: Como os que vivem no espaço?

MEU AMANTE: Sim.

SILVIA ELENA: E o que acontece com as estrelas quando a luz não consegue escapar?

MEU AMANTE: Se transformam em buracos negros no espaço.

SILVIA ELENA: Você acha que nós, humanos, temos luz?

MEU AMANTE: Alguns, sim. Outros, não.

SILVIA ELENA: Eu tenho luz?

MEU AMANTE: Sim, você tem luz de amanhecer.

SILVIA ELENA: E por que você sabe tanto de estrelas?

MEU AMANTE: Sou professor de física na universidade.

SILVIA ELENA: Física?

MEU AMANTE: Sabia que na história das estrelas se encontram os maiores segredos do mundo?

SILVIA ELENA: Não, eu só sei um pouco sobre computadores, mas o que faço melhor é pentear e limpar peles. Eu, à minha maneira, também sei sobre buracos negros.[8] É uma piada, homem. Estou economizando para abrir um salão de beleza.

MEU AMANTE: Se alguém te concedesse um desejo, o que você pediria?

---

[8] Em espanhol, os cravos de pele são chamados de *puntos negros* [pontos pretos]. Para que não se perca a piada feita pela personagem, a tradução preferiu traduzir a expressão também como "buracos negros".

SILVIA ELENA:	Não tenho desejos. Isso não é bom.
MEU AMANTE:	Peça um.
SILVIA ELENA:	Bom, tenho um, sim: folgar um sábado à tarde e que alguém me leve ao cinema.
MEU AMANTE:	Está feito.
SILVIA ELENA:	Você não é daqui, não é verdade?
MEU AMANTE:	Não.
SILVIA ELENA:	Como se chama?
MEU AMANTE:	Thomas, mas me chamam de Loiro.[9] E você?
SILVIA ELENA:	Silvia Elena.
MEU AMANTE:	Vamos, Silvia Elena, sobe no carro que te levo pra casa.
SILVIA ELENA:	Ei, e se a luz que trazemos por dentro não chega a vir pra fora, o que acontece?
EU:	Blecaute.

Treze. UM HOMEM QUE TREPA COMO UM MENINO

EU:	Rosa e eu em um peregrino negro atravessando uma paragem desértica fora de Ciudad Juárez; Antonio Reyes no presídio de Ciudad Juárez contemplando o deserto

---

[9] O apelido no original é "Güero", palavra de origem indígena que, no México, designa pessoas loiras.

	através da janela de sua cela. Me disse que você deveria queimar a carta enquanto a lesse.
ROSA:	Me deixa saborear suas palavras um pouco mais.
EU:	É perigoso. Ninguém mais pode ler essa carta.
ROSA:	Por quê?
EU:	Sabia que seu namorado é o suposto culpado dos crimes das mulheres?
ROSA:	Antonio é incapaz de machucar uma mulher.
EU:	Como você tem tanta certeza?
ROSA:	Pelo jeito como me toca. Trepa como um menino.
EU:	E como trepa um menino?
ROSA:	Com delicadeza.
EU:	Você já trepou com muitos meninos?
ROSA:	Já trepei com meninos que são homens, mas nunca com um homem que fosse um menino.
EU:	E qual é a diferença?
ROSA:	Chora quando termina.
EU:	Trepa bem?
ROSA:	Isso é o que menos importa quando estou com ele.
EU:	E o que é que mais importa?

ROSA: O que acontece antes e depois de trepar.

EU: E o que é que acontece antes e depois de trepar?

ROSA: Não vou te contar isso.

EU: Por que não?

ROSA: Intimidades.

EU: Que tipo de intimidades?

ROSA: Coisas... as coisas que acontecem entre os homens e as mulheres quando estão sozinhos.

EU: E o que é que acontece entre os homens e as mulheres quando estão sozinhos?

ROSA: Olha, você está me deixando tonta, e se o que você quer é trepar, essa não é uma boa estratégia. Só posso te dizer que o que acontece entre os homens e as mulheres quando estão sozinhos tem a ver com a esperança. Pelo menos para mim.

EU: Sabia que sou eu quem ajuda ele a escrever as cartas de amor?

ROSA: Você?

EU: Antonio não sabe escrever.

ANTONIO: "Rosa, a vista do deserto, a lembrança do seu corpo cansado depois de trepar durante horas, a pele do deserto, Rosa, sua pele, me mantém a salvo."

EU: É verdade que você tem uma pele bonita, Rosa.

ROSA: Quanto falta pra chegar?

EU: Um pouco.

ROSA: Não estamos demorando muito?

EU: O normal.

ROSA: Conheço o caminho pro presídio. Pra onde está me levando?

EU: Não seja impaciente. Devo passar em outro lugar pra dar um recado.

ROSA: Um recado? Onde?

EU: Sabe como se chama essa árvore de flores violeta?

ROSA: Aonde vamos?

EU: Você sabe como se chama essa árvore de flores violeta?

ROSA: Que recado?

EU: Paro o peregrino negro no meio do deserto. Saia.

ROSA: Por favor, o que está acontecendo? O que você vai me fazer? Por que está chorando?

EU: Saia. Rosa, saia do carro, por favor, e tire a roupa.

ROSA: Não, por favor, não me machuque.

EU: Não, Rosa, eu não vou te machucar, preciosa. Saia. Me escute com atenção: fique nua. Tire a roupa. Queime a carta. E corra até desaparecer, Rosa, sim, corra até desaparecer.

ROSA: Me deixe ler a carta uma última vez.

EU: Rosa, sai. Fica nua. Queimo sua roupa no meio do deserto.

ROSA: "Se chove, as plantas florescem."

ANTONIO: "Se não chove, secam."

ROSA: "Os insetos são devorados pelas lagartixas; e as lagartixas, pelos pássaros. Mas, definitivamente, todos acabam morrendo. E depois de mortos, secam. No fim, só resta o deserto."

ANTONIO: "O deserto é o único que vive de verdade. E quando pra alguém o deserto é tudo o que lhe resta, esse alguém chega a imaginar todo tipo de criaturas estranhas surgindo do deserto, tamanha é a vontade de sentir que há alguém neste mundo que nos queira de verdade e que se preocupa com a gente."

EU: Me deixa te beijar? Beijo as bochechas de uma garota de 15 anos. Abandono seu corpo nu no meio do deserto. Rosa corre entre cactos nopais levando com ela a última carta de amor de Antonio Reyes. Se aproxima um peregrino negro.

Catorze. O TAMANHO DO INFERNO

EU: Silvia Elena e meu amante nos arredores de Ciudad Juárez, no lixão El Chile.

SILVIA ELENA: O que fazemos aqui?

MEU AMANTE: Olhar pro céu.

SILVIA ELENA: E para isso você me traz num lixão?

MEU AMANTE: Daqui se veem as estrelas mais bonitas de todo o México.

SILVIA ELENA: Mas não há quem suporte este cheiro.

MEU AMANTE: Eu te ajudo.

EU: Meu amante cobre a metade inferior do rosto de Silvia Elena — nariz e boca — com a mão.

SILVIA ELENA: Assim está melhor. Você pode apertar um pouco mais forte? Prefiro o cheiro da tua mão do que o dos dejetos.

MEU AMANTE: Tem cheiro de quê?

SILVIA ELENA: De couro. Como se tivesse usado luvas.

MEU AMANTE: Tá vendo aquela estrela?

SILVIA ELENA: Qual?

MEU AMANTE: Aquela, a pequena, a que brilha com maior intensidade.

SILVIA ELENA: A que parece que está a ponto de desaparecer?

MEU AMANTE: Essa mesma. Imagine um ponto negro dentro dela. Imagine um buraco nesse ponto. Imagine que, uma vez dentro, a gravidade é outra, e já não se pode fazer nada como antes porque essa nova gravidade anula qualquer força anterior.

SILVIA ELENA: Você está muito obcecado com essa coisa de gravidade.

MEU AMANTE: Imagine que você não pode fazer outra coisa além daquilo que essa força te impõe.

SILVIA ELENA: Amanhã você me convida pro cinema?

MEU AMANTE: Que filme você quer ver?

SILVIA ELENA: *De repente, no último verão.*

MEU AMANTE: Esse é um clássico.

SILVIA ELENA: Minha amiga Rosa disse isso.

MEU AMANTE: Mas não acredito que estejam passando esse filme em algum cinema.

SILVIA ELENA: Podemos alugar e assistir juntos.

MEU AMANTE: Por que esse?

SILVIA ELENA: A Rosa disse que é sobre uma mulher que não pode esquecer o passado.

MEU AMANTE: E?

SILVIA ELENA: Me parece interessante.

MEU AMANTE: O passado?

SILVIA ELENA: Não, não, eu não gosto nada do passado, me interessa o futuro, sabe? Sonhar com o que ainda não aconteceu mas pode vir a acontecer um dia desses. É muito mais interessante. Mas não é fácil porque às vezes não se pode esquecer o passado, não acha? Eu às vezes também não posso esquecer o passado, assim como você não esquece a gravidade. A mesma coisa.

MEU AMANTE: E você gosta disso?

SILVIA ELENA: Não, isso me assusta.

MEU AMANTE: Tem medo?

SILVIA ELENA: Às vezes acredito que o inferno tem a ver com isso.

MEU AMANTE: Com o passado?

SILVIA ELENA: Não, com não poder esquecer nada do passado e ir acumulando tudo, e continuar assim até que as lembranças se tornem cada vez maiores, como se fossem a massa de um bolo quando você coloca fermento, só que dentro da sua cabeça. Você é físico, né? Você acredita que o inferno tem um tamanho?

MEU AMANTE: Silvia.

SILVIA ELENA: Silvia Elena.

MEU AMANTE: Silvia Elena, nunca ninguém te disse quanto você é bonita?

SILVIA ELENA: Não, bonita, bonita mesmo, nunca me disseram. Mas já me disseram outras coisas, sim: agradável, habilidosa, boa fêmea, só boa — simplesmente —, também disseram peituda, cara de cavalo, nobre, geniosa e mal-humorada quando machucada... Uma vez me chamaram de linda... simpática, uma ou outra vez — principalmente quando saio com Rosa. Rosa é minha amiga —, já disseram divertida e atraente — dependendo da roupa que eu vista —, e trabalhadora, isso muito. Mas bonita,

	bonita mesmo, até agora nunca ninguém me havia dito.
MEU AMANTE:	O que você gostaria de fazer agora?
SILVIA ELENA:	Dormir aqui, de pé, vendo as estrelas, e que você me segurasse com essa mão grande que você tem.
MEU AMANTE:	Silvia.
SILVIA ELENA:	Silvia Elena.
MEU AMANTE:	Silvia Elena, olha.
SILVIA ELENA:	Nunca havia visto uma estrela cair.
EU:	A estrela cai. A jovem sorri. O lixão começa a encher de peregrinos negros. Seus faróis iluminam toneladas de lixo. Toca uma *ranchera* a todo o volume.

Quinze. CANÇÃO "MATE-AS"

"Amigo, o que foi, estás chorando?
Com certeza é por causa de mulheres.
Não há golpe mais mortal para os homens
Do que o pranto e o desprezo desses seres.
Amigo, vou te dar um bom conselho,
Se queres desfrutar os teus prazeres,
Consiga uma pistola, se é que queres,
Ou compre uma adaga se preferes,
E torne-se assassino de mulheres.

Mata-as
Com uma overdose de ternura.
Asfixia-as

Com beijos e doçuras.
Contagia-as com todas as tuas loucuras.
Mata-as com flores,
Com canções não falhes,
Que não há uma mulher neste mundo que possa resistir aos detalhes."

Dezesseis. EU (II)

EU: Hoje coloquei três levas de roupa pra lavar. Pendurei a roupa, passei as camisetas de algodão, as saias e os jeans. Digo a ele que quero fazer sexo.

MEU AMANTE: Pode fazer o que quiser, mas sem tirar as minhas calças.

EU: Trepamos vestidos. Gozo na sua boca enquanto belisco seus mamilos. De um tempo pra cá, enquanto eu não machucar seus mamilos, eu não gozo. Peço perdão. Ele me diz:

MEU AMANTE: Não se preocupe, eu gosto.

EU: Ele me pergunta o que eu tenho.

MEU AMANTE: O que você tem?

EU: Nada. Me diz que estou estranho há alguns dias, que não faço outra coisa além de lavar roupa.

MEU AMANTE: Você está estranho há alguns dias, não faz outra coisa além de lavar roupa.

EU: Me acalma passar as horas mortas em frente à lavadora. A tristeza é imensa.

MEU AMANTE: Mas o que te provoca tanta tristeza?

EU: Que nunca nos aconteça nada. Que apesar de tudo o que fazemos, nunca nos aconteça nada.

MEU AMANTE: E o que tem de nos acontecer?

EU: Que paguemos pela verdade que apodrece no céu de nossas bocas.

MEU AMANTE: E você vai fazer o quê, se depois de ter visto tanto horror você continua vivo? O que se pode fazer se finalmente você se acostuma?

EU: Neste país a gente termina se acostumando a tudo. Por isso nunca acontecerá nada, porque aqui todos nós nos acostumamos a tudo o que jogam em cima da gente.

MEU AMANTE: Só somos um dos níveis da cadeia alimentar. Se nós não o fizéssemos, outros o fariam. E se outros o fizessem, tirariam você e eu do meio. Você entende? Há acordos. Pactos de silêncio. Os restos de sêmen desaparecem no caminho de ida. É disso que nos encarregamos.

EU: Você se dá conta de tudo o que está acontecendo ao nosso redor?

MEU AMANTE: Fazemos parte. Somos parte de. De alguma maneira saímos beneficiados.

EU: E se abandonássemos esta terra?

MEU AMANTE: Não poderíamos. Assim que alguém mova uma peça, começarão a cair as demais.

Eles têm a gente presos pelos colhões. Nunca permitiriam que o sistema fosse derrubado. A lógica é implacável. Neste país governado por corruptos, o verdadeiro poder está nas mãos de uma classe alta que apodrece até as entranhas, que pode fazer o que lhe apraz, e o que lhe apraz pode chegar a ser "tudo" simplesmente porque eles podem pagar "tudo". Eles pagam as campanhas dos governos e estes se calam diante do horror que se aproxima de nós. E uma ou outra vez se prestam uma homenagem. Simples assim.

EU: E o que nós estamos fazendo dentro de tudo isso?

MEU AMANTE: Facilitar o trânsito. Ou por acaso somos mais culpados do que aquele que vê tudo e fica em silêncio? Somos mais culpados do que todos os que não fazem parte, mas veem e calam, do que aquele que recebe e aceita dinheiro em troca de ficar em silêncio a vida toda depois de sofrer o estupro e a morte da filha? Você realmente acredita que, por levá-las a um descampado e deixá-las nuas, somos mais culpados do que os milhões de mexicanos que espancam e tratam as suas mulheres como animais?

EU: Sim. Somos culpados. Eles não têm a possibilidade de escolher. Outros fazem essa escolha no lugar deles. Nós, sim, escolhemos.

MEU AMANTE: Tem certeza?

EU: Nós conhecemos a verdade, sabemos o que acontece, e ainda assim fazemos parte da barbárie. Não nos fazem mal. Que mal pode nos fazer uma garota de 15 anos? Deus, não suporto ver esses corpos perdidos correrem pelados no meio do deserto. Peço a elas que escapem, que rezem, que se escondam, que não digam nada, que vão embora, que desapareçam desta cidade, que deixem o trabalho, que apaguem seus rostos, que fiquem feias, que engordem, que mudem de sexo, que não saiam de casa até que completem 60 anos, que não abram a boca, que não vão para a cama com garotos, definitivamente, que deixem de existir, peço a elas que deixem de existir... essa seria a única solução, que nesta cidade não existissem as mulheres, e que os homens comessem uns aos outros e se engravidassem e só tivessem filhos que, por sua vez, se comeriam entre si... sim, um mundo sem mulheres. Deus. Depois, recolho suas roupas e as guardo em sacolas de plástico. As camisetas de algodão, as saias e os jeans. Me dá não sei o quê, deixá-las ali jogadas no meio do deserto. Guardo as roupas. Lavo e passo uma e outra vez até gastá-las. Espero que algum dia desapareçam. Não sou capaz de me desprender delas. Deus.

MEU AMANTE: Lembra como e onde nós nos conhecemos? Se lembra da festa que o reitor Juan del Valle deu quando você chegou? Lem-

	bra como nos recepcionou? Se lembra de tudo o que aconteceu? Lembra o momento em que você e eu nos olhamos...
EU:	Por favor.
MEU AMANTE:	Lembra o que pensamos nesse momento, o que íamos fazer, para onde nos dirigíamos, como você me olhava, como nos atrevemos a nos aproximar, como Juan del Valle sussurrou algo no ouvido de uma garota de 18 anos e de seu namorado, como uma garota de 18 anos se aproxima e nos diz...
EU:	Para.
MEU AMANTE:	Estou aqui para os senhores. Sim, estava para nós. A vida é estranha, não acha? E não teríamos podido estar juntos se não tivesse sido através de...
EU:	A destroçaram.
MEU AMANTE:	A destroçamos. Vimos o que fizeram.
EU:	Se eu pudesse apagar da minha memória...
MEU AMANTE:	Isso nunca.
EU:	A tristeza é imensa.
MEU AMANTE:	Então viva com ela.
EU:	Me diz a verdade: por que você acha que fazemos tudo isso?
MEU AMANTE:	Uma vez que você se envolve — basta uma só vez — você se excita, e quando está dentro, é impossível sair.

EU: Você gosta?

MEU AMANTE: A maldade é só um ponto de vista.

EU: E você desfruta?

MEU AMANTE: Silêncio.

EU: Desfruta?

MEU AMANTE: Silêncio.

EU: Você acha que de alguma maneira tudo isso que fazemos tem algum sentido?

MEU AMANTE: Silêncio.

EU: E você se sente como Deus...

MEU AMANTE: Silêncio.

EU: ...simplesmente porque você é capaz de...

MEU AMANTE: Silêncio.

EU: Porque você tem o poder de...

MEU AMANTE: Silêncio.

EU: ...decidir sobre a vida de alguém.

MEU AMANTE: Silêncio.

EU: E isso te faz subir pelas paredes.

MEU AMANTE: Silêncio.

EU: Isso te permite suportar a tristeza...

MEU AMANTE: Silêncio.

EU: ...que é imensa.

MEU AMANTE: Silêncio.

EU:　　　　　　　Imensa.

MEU AMANTE:　　Você sabia que eu sempre as levo para fazê-las sorrir antes de subir no peregrino negro?

EU:　　　　　　　Blecaute.

Dezessete. JUAN DEL VALLE E OS CAFÉS DA MANHÃ EM MICHOACÁN

EU:　　　　　　　Juan del Valle, reitor da Universidade de Ciudad Juárez, no teatro onde esteja em cartaz esta montagem.

JUAN DEL VALLE: Já faz tempo que decidi abolir qualquer prática de risco na minha vida. Abandonei o cigarro. Agora me provoca náuseas. Somente bebo. Uma cerveja de vez em quando, ou uma taça de vinho em alguma refeição especial... Desde que cheguei em Ciudad Juárez para dirigir a universidade já não preciso de remédios para dormir. E fui abandonando o remédio da manhã pouco a pouco, até ficar só com meio comprimido um dia sim e um dia não. Caminho muito. Sinto falta dos bosques do Distrito Federal. Os domingos no bosque de Chapultepec. Costumo nadar três dias da semana. Uma vida saudável. Tenho uma filha que é a luz da minha vida. Aos sábados, a primeira coisa que faço quando me levanto é perguntar onde ela quer tomar café da manhã, e se ela me diz que é em uma praia de Michoacán, pegamos o carro e partimos para Michoacán. Meu pai tem seus negócios em umas fazendas do Norte e, de vez em quando, me dá um bom presente. Com isso e o que eu ganho, tenho o suficiente para sustentar minha mulher, minha filha e para, de vez em quando, me dar uma ou outra alegria. Levei tempo até aceitar, mas eu gosto das novinhas. De resto, sou uma pessoa normal e comum. A única coisa que me diferencia de cada um de vocês é o que me dá prazer. E isso é um assunto íntimo. E o que é íntimo cedo ou tarde sempre termina se transformando em algo perigoso. Tão perigoso que se cada um de nós que estamos aqui confessássemos juntos o que é que nos dá prazer, o teatro inteiro explodiria em mil pedaços.

Dezoito. NÃO TEM MAIS JEITO

EU: No cenário do crime: o jornalista Sergio Hernández, o juiz Marcello López, um médico-legista e os cadáveres de Rosa e Silvia Elena; na cela do presídio com vista para o deserto: Antonio Reyes; e no escritório do juiz: sua mãe.

SERGIO HERNÁNDEZ: Ao final de três dias, Marcello López se inteira de que havia se desmanchado a operação encarregada de localizar o carro preto empregado no sequestro de uma jovem.

MARCELLO LÓPEZ: Quando fui pedir explicações, me responderam que a ordem vinha de cima. Parece que a maior parte dos peregrinos negros...

CADÁVER DE SILVIA ELENA: Um carro da moda...

MARCELLO LÓPEZ: ...pertencia a filhos de peixes grandes de Ciudad Juárez. No dia seguinte, uma ligação anônima avisou a polícia sobre uns tiros dentro de uma casa da rua García Herrero. A patrulha se apresenta. Tocam a campainha repetidas vezes. Ninguém atende. Um menino diz que enquanto passeava de bicicleta havia ouvido tiros. Um dos vizinhos disse que viu um peregrino negro estacionado perto da casa.

CADÁVER DE SILVIA ELENA: O juiz Marcello López se apresenta.

CADÁVER DE ROSA: Derruba a porta.

CADÁVER DE SILVIA ELENA: A casa cheira a sêmen e álcool.

CADÁVER DE ROSA: Mas você se acostuma.

SERGIO: Examinam a sala. Móveis baratos, mas decentes. Na sala de jantar, duas garrafas vazias de tequila e uma de vodca Absolut. Restos de comida do McDonald's na lixeira. Dois quartos. Num deles, estendido na cama, de barriga pra baixo, o cadáver nu de Silvia Elena. No banheiro, encolhida debaixo do chuveiro, Rosa, de 15 anos, amiga de Silvia Elena.

MARCELLO LÓPEZ: Fiquem no corredor, por Deus. Que venha o médico-legista!

MÉDICO-LEGISTA: Rosa foi assassinada com dois tiros na nuca. Antes havia apanhado, e percebem-se sinais de estrangulamento. Mas não morreu estrangulada. Brincaram de estrangulá-la. Nos tornozelos havia sinais de escoriações. Eu diria que a penduraram pelos pés. Um gancho de ferro para pendurar carne preso ao teto, bem no meio das duas camas.

SERGIO: Pelo assassinato de sua filha, Flor Ramírez Navarro receberá a quantia de 55.821 pesos mexicanos (com o câmbio, virão a ser uns 3 mil euros), com os quais comprará um novo refrigerador para o restaurante La Flor, uma segunda prótese do mesmo comprimento que a sua antiga perna, e o resto irá guardar para sua aposentadoria.

MÉDICO-LEGISTA: Na sua amiga, Silvia Elena, também meteram um tiro na nuca, mas não acredito que essa tenha sido a causa da morte. Atiraram para ter certeza.

MARCELLO LÓPEZ: Que saiam da casa todos os que não são da polícia científica! Todos pra fora!

SERGIO: Aqui estão as cordas! Diz o juiz para o médico-legista.

MÉDICO-LEGISTA: As duas foram violentadas, eu diria que várias vezes, pelos dois orifícios, mas pode ser que a do banheiro tenha sido violentadas pelos três. As duas foram torturadas. Tenho certeza de que a morte de Silvia Elena não se deve à bala alojada em sua nuca, mas a uma parada cardíaca. A pobrezinha não pôde resistir ao transe da tortura e às humilhações. Não teve jeito.

CADÁVER DE SILVIA ELENA: Não teve jeito.

MARCELLO LÓPEZ: O que é isso que a Rosa tem entre os dentes?

MÉDICO-LEGISTA: Parece um pedaço de papel.

CADÁVER DE ROSA: Não é um pedaço de papel. É a última carta de amor que Antonio Reyes, meu prometido, me escreveu.

SERGIO: O médico-legista extrai com máximo cuidado o pedaço de papel do meio dos dentes do cadáver de Rosa.

MÉDICO-LEGISTA: Morreu com umas tantas palavras agarradas aos seus dentes. Não tem jeito de tirá-lo sem rasgar.

CADÁVER DE ROSA: Não tem jeito.

MARCELLO LÓPEZ: Tente, por favor. Eu lhe imploro.

SERGIO: O médico-legista consegue pegar um fragmento do pedaço de papel. O juiz Marcello López pede o papel a ele e o lê em voz alta:

ANTONIO REYES/CADÁVER DE ROSA: "Rosa, a vista do deserto, a lembrança de seu corpo cansado depois de trepar durante horas, a pele do deserto, Rosa, sua pele, me mantém a salvo."

SERGIO: Antonio Reyes, suposto culpado, não poderá suportar por muito tempo a morte de Rosa, e terminará tirando a própria vida na sua cela do presídio de Ciudad Juárez com vista para o deserto. Antes de morrer dirá:

ANTONIO REYES: Meu mundo é o deserto e todos temos que ter consciência disto: o deserto é o único que sobreviverá a nós.

SERGIO: Sua mãe, no entanto, não se cansará de visitar o senhor juiz até morrer de velha e perguntar:

A MÃE DE ANTONIO REYES: Quanto vale um filho que carrega nas costas quatrocentas mortas e mais de mil desaparecidas, senhor juiz?

MARCELLO LÓPEZ: "Rosa, sua pele me mantém a salvo."

CADÁVER DE SILVIA ELENA: Que lindo! Ele escreveu isso?

CADÁVER DE ROSA: Tal e como você ouve.

CADÁVER DE SILVIA ELENA: Esse Antonio Reyes é um poeta.

CADÁVER DE ROSA: E tem ainda mais mérito se eu te confessar que ele não sabe escrever.

CADÁVER DE SILVIA ELENA: Sério que é analfabeto?

CADÁVER DE ROSA: E daí? Sua família é toda analfabeta e eu respeito todos eles.

CADÁVER DE SILVIA ELENA: Nada, nada, eu não disse nada, quem dera que todos os que sabem ler escrevessem assim.

CADÁVER DE ROSA: É que, nele, isso da poesia vem de dentro. Eu noto. Quando trepamos, é quando ele fica mais poeta. Se inspira com meu corpo e tem uns arrebatamentos de poesia que você não consegue imaginar. Isso de "a lembrança de teu corpo cansado", não vai você acreditando que isso vem sozinho, não, não, não, isso vem dele, ao me ver destroçada depois de passar toda a noite trepando, por isso é tão importante que estejamos juntos, porque se não for assim, ele não se inspira... Eu acredito que ele pode perfeitamente ganhar a vida como poeta, e eu, como sua musa, porque sem musa não há poesia. O que você acha de tudo isso?

MARCELLO LÓPEZ: Senhores, façam o favor de retirar os corpos, por favor. Vamos esvaziando o espaço. Não, esse pedaço de papel, não, o senhor pode deixar aí onde estava. Quero inspecioná-lo de novo.

SERGIO: Todos vão embora. O juiz Marcello López fica sozinho.

MARCELLO LÓPEZ: Beatriz, a vista do deserto, a lembrança de teu corpo cansado depois de trepar durante horas, a pele do deserto, Beatriz, a sua pele, me mantém a salvo.

SERGIO: A professora Beatriz abandonará o México com uma mala de couro repleta de livros, e o juiz Marcelo López chorará desconsoladamente.

Dezenove. OS CORPOS PERDIDOS

EU: O jornalista Sergio Hernández no teatro em que esteja em cartaz esta montagem.

SERGIO HERNÁNDEZ:[10] Acordei e ao meu redor havia vozes e luzes estranhas. Demorei alguns segundos pra reencontrar um ponto de referência que me devolvesse à realidade. Queria ir embora dali de imediato. Soube que estava em uma sala de cirurgia. Silêncio.

No dia 15 de junho de 1999 fui golpeado e assaltado em um táxi, que pedi numa noite no bairro Condessa da Cidade do México. No trajeto até minha casa, o táxi parou de repente. Num instante, se aproximaram dois sujeitos armados. Me mandaram fechar os olhos e me sentar no meio do banco. O táxi saiu andando, o motorista era cúmplice. Só devia responder se me perguntassem algo. Apesar da minha resistência nula, sofri maus tratos verbais, socos, feridas com picador de gelo nas pernas, golpes no peito, no rosto e na cabeça com as coronhas dos revólveres. Anunciaram que me aniquilariam numa paragem solitária do sul da cidade. Uma viatura que passava muito perto com suas luzes de vigilância acesas dissuadiu os atacantes de continuar sua tarefa. Me deixaram, ensanguentado, numa rua do bairro Narvarte. Fiz uma denúncia formal e no dia seguinte fui ao médico. Este somente me ordenou repouso e receitou um analgésico. Silêncio.

Depois de oito semanas desse episódio, atentei para problemas de expressão verbal: a minha língua travava quando queria

---

[10] Texto extraído de uma das crônicas sobre Ciudad Juárez do livro *Huesos en el desierto*, do jornalista e escritor mexicano Sergio Hernández Rodríguez.

falar. Também manifestei dificuldades de memória. O passado desaparecia sob um véu tênue. Pouco a pouco, teria dificuldades para lembrar os dados mais insignificantes de momentos imediatos. No dia 11 de agosto de 1999 me diagnosticaram com um severo derrame sanguíneo no cérebro, resultado dos traumatismos do assalto. Me operaram com urgência. Convalesci por dois meses. Recuperei a saúde e me reintegrei às minhas atividades normais lá pelo fim de outubro. Então, decidi retomar a investigação sobre os homicídios contra mulheres em Ciudad Juárez. No dia 8 de dezembro de 1999, entrevistei por telefone o juiz Marcello López e o reitor da Universidade de Ciudad Juaréz, Juan del Valle, ambos implicados nos crimes segundo o testemunho de Antonio Reyes. Seis horas mais tarde, sofri outro assalto, também a bordo de um táxi que tinha a sua documentação em ordem. Desta vez, dois sujeitos subiram no veículo a certa altura do trajeto. Foram diretos, não me bateram, asseguraram: "Você anda metido em um assunto muito delicado, meu senhor, te foderam. Alguém te fodeu. Vai com cuidado. Me entende? O comandante nos ordenou que te disséssemos isto." Silêncio.

No dia 10 de janeiro de 2000 publiquei a reportagem *Os corpos perdidos*. Documentava que a operação de "narcocovas"[11] buscava cadáveres enterrados, ao passo que, ao longo dos anos 1990 haviam aparecido

---

[11] As covas usadas pelo narcotráfico para enterrar suas vítimas.

dezenas de garotas e mulheres assassinadas no perímetro das fazendas orgiásticas dos narcotraficantes. No dia 10 de julho daquele ano, enquanto falava no meu celular com uma amiga, escutei uma interferência e uma voz que ordenava: localizem ele, localizem ele! O e-mail mostrava anomalias... principalmente quando se tratava do intercâmbio de mensagens sobre Ciudad Juárez. Cada estranho sinal desses parecia trazer um tipo de aviso preventivo ou de ameaça. Ressurgia o teatro de fantasmas e simulações em busca de bodes expiatórios para serem presos enquanto os verdadeiros culpados se amparavam na palavra oficial como céu protetor. Silêncio.

Numa manhã de 1996, saí da Cidade do México em direção à fronteira do Norte. E achei um rastro de sangue. Desde então o tenho seguido. Às vezes, aquele rastro se transformava num filete quase invisível, e eu precisava aguçar os sentidos para distingui-lo. Em seguida, se tornava ostentoso de tão evidente. Uma poça de sangue espesso na qual se afundam a indignação e o espanto. Meu país já abriga um grande ossuário infame, que fosforesce sob a complacência das autoridades. Esses crimes terão efeito no mundo inteiro. Portanto, para mim, relembrar se converteu numa ordem. Algo bastante difícil de cumprir, porque dentro de nós mesmos levamos nosso próprio demônio, e fazemos deste mundo nosso próprio inferno, do qual alguém sempre quer se apropriar. Por isso, disse a mim mesmo: relembre. Você já faz parte dessas mortas. Você se inclina diante delas. Relembre, sim. Por agora, somente relembre, ainda que nestes tempos pareça excessivo e até impróprio relembrar. Que outros saibam o que você lembra e possam ler o que foi anotado com tinta vermelha para entender o que foi escrito em preto. Tenho uma certeza: contra o nada, perdurará o destino. Ou a memória.

Vinte. A CHORONA/"LA LLORONA"[12]

EU: Maikel, o motorista de Juan del Valle, e sua filha, uma menina de 12 anos com traços indígenas, atravessam o deserto de Ciudad Juárez em um peregrino negro. No horizonte, através das janelas abertas do automóvel, a menina observa em silêncio a fina película de pó que parece

---

[12] "La llorona" faz referência ao título de uma conhecida canção e também a uma lenda latino-americana. Ambas existem com diversas versões e variantes que dependem do intérprete (no caso da canção) e do país (no caso da lenda). O México é o país onde esta lenda está mais arraigada. Em todas as versões, o cerne da lenda está no som do pranto e lamentos da alma penada de uma mulher que, por desespero, matou os próprios filhos. Na versão mais difundida no México, é curioso observar que a mulher seria indígena (ou mestiça) e o homem seria um cavalheiro espanhol que a abandona com três filhos para se casar com uma nobre dama. Há ainda outra versão mexicana, menos conhecida, que conta que, antes da chegada dos espanhóis, uma entidade feminina emergia dos canais de México-Tenochtitlan para alertar seu povo nativo sobre a queda do império asteca. Ouvia-se o seu pranto, que dizia: "Ai, meus filhos! Aonde irão? Meus filhos, onde os poderei levar para que escapem de tão funesto destino?"

separar a terra do céu mais lindo que já vi na minha vida. A menina diz para Maikel:

A FILHA DE MAIKEL: Papai, tenho medo.

MAIKEL: O que foi, meu céu?

A FILHA DE MAIKEL: Sonhei com o demônio, tenho medo.

MAIKEL: Foi só um sonho.

A FILHA DE MAIKEL: Sim, mas não consigo deixar de vê-lo.

MAIKEL: Então me conta, como é o demônio?

A FILHA DE MAIKEL: É alguém muito bonito, como um ator famoso da televisão, jovem, moreno, de olhos puxados e com dois chifres imensos, como os de um carneiro.

MAIKEL: Se ele é tão bonito, por que você tem tanto medo?

A FILHA DE MAIKEL: Não é possível deixar de olhá-lo, e quando você encontra com os seus olhos, você entende que por trás deles não há nada, somente duas estradas no meio do deserto que não terminam nunca e que, uma vez que você dirija nelas, você nunca mais descansará em paz...

MAIKEL: Mas esse é um sonho lindo, minha vida.

A FILHA DE MAIKEL: Você não o viu, papai.

EU: Num velho rádio toca "La llorona". Começo a suar. Os vidros fumê do peregrino negro se fecham lentamente e o azul do céu, por um momento, parece se diluir nos olhos da menina...

Epílogo. O MISTERIOSO UNIVERSO ACELERADO.

EU: O vazio, o que todos nós entendemos por vazio, não está vazio: tem uma densidade de energia escura que domina o Universo em grande escala. Isto nos obrigará a reformular muitas das leis da física que até agora temos aceitado de forma dogmática. Baseando-nos em explosões de estrelas muito distantes, a equipe de físicos teóricos que eu coordeno anunciou a seguinte conclusão: a expansão do Universo vai acelerando ao invés de — como nos caberia esperar sob a influência da gravidade — ir ralentando. Para explicar esta aceleração, 75% da energia do Universo tem de ser composta de algo estranho, uma substância que nunca ninguém tenha visto antes.

Como podemos começar de novo?

FIM

Por que publicar dramaturgia

Os textos de teatro são escritos de diversas maneiras: durante ensaios, como adaptações de romances, a partir de discussões com encenadores e artistas, solitariamente, vindos de ideias avulsas ou de enredos históricos, além de tantas outras maneiras existentes e por serem inventadas. Pensar o texto dramático como um modo de escrita para além do papel, que tem a vocação de ser dito e atuado, não elimina seu estágio primeiro de literatura. O desejo de pensar sobre as diferenças e confluências entre o texto dramático e o texto essencialmente literário nos levou a elaborar este projeto de publicações: a *Coleção Dramaturgia*. Queríamos propor a reflexão sobre o que faz um texto provocar o impulso da cena ou o que faz um texto prescindir de encenação. E mesmo pensar se essas questões são inerentes ao texto ou à leitura de encenadores e artistas.

O livro é também um modo de levar a peça a outros territórios, a lugares onde ela não foi encenada. Escolas, universidades, grupos de teatro, leitores distraídos, amantes do teatro. Com o livro nas mãos, outras encenações podem ser elaboradas e outros universos construídos. Os mesmos textos podem ser lidos de outros modos, em outros contextos, em silêncio ou em diálogo. São essas e tantas outras questões que nos instigam a ler os textos dramáticos e a circulá-los em livros.

Publicar a *Coleção Dramaturgia Espanhola*, que chega às prateleiras após o generoso convite de Márcia Dias à Editora Cobogó, e com o importantíssimo apoio da Acción Cultural Española — AC/E, foi para nós uma oportunidade de discutir outras linguagens no teatro, outros modos de pensar a dramaturgia, outras vozes, e, ainda, expandir nosso diálogo e a construção de uma cultura de *ler teatro*. Ao ampliar nosso catálogo de textos dramáticos com as peças espanholas — ao final deste ano teremos trinta títulos de teatro publicados! —, potencializamos um rico intercâmbio cultural entre as dramaturgias brasileira e espanhola, trazendo aos leitores do Brasil uma visada nova e vibrante, produzida no teatro espanhol.

Isabel Diegues
Editora Cobogó

Dramaturgia espanhola no Brasil

Em 2013, em Madri, por intermédio de Elvira Marco, Elena Díaz e Jorge Sobredo, representantes da Acción Cultural Española — AC/E, conheci o Programa de Intercâmbio Cultural Brasil-Espanha. O principal objetivo do programa seria divulgar a dramaturgia contemporânea espanhola, incentivar a realização das montagens dessas obras por artistas brasileiros, estimular a troca de maneiras de fazer teatro em ambos os lados do Atlântico, promover a integração e fortalecer os laços de intercâmbio cultural entre Brasil e Espanha.

O programa havia, então, selecionado dez obras, através de um comitê de personalidades representativas das artes cênicas espanholas. A ideia inicial seria contratar uma universidade para a tradução dos textos, buscar uma editora brasileira que se interessasse em participar do projeto no formato e-book, programar entrevistas com os autores e promover a difusão dos textos através de leituras dramatizadas com diretores de grupos e companhias brasileiras.

Ao conhecer o programa, comecei a pensar sobre como despertar o interesse de uma editora e de artistas brasileiros para participar dele. O que seria atraente para uma editora, e consequentemente para o leitor, na tradução de um texto da atual dramaturgia espanhola? Como aproximar artistas brasileiros para a leitura de obras espanholas? Como verticalizar a experiência e fazer, de fato, um intercâmbio entre artistas brasileiros e espanhóis? Estimulada por essas e outras questões e percebendo o potencial de articulação, cruzamentos e promoção de encontros que um projeto como esse poderia proporcionar, encampei o programa expandindo suas possibilidades. A ideia, agora, seria aproximar artistas dos dois países em torno de um projeto artístico mais amplo potencializado pelo suporte de festivais internacionais realizados no Brasil que se alinhassem aos objetivos do TEMPO_FESTIVAL, dirigido por mim, Bia Junqueira e César Augusto, principalmente no que se refere ao incentivo à criação e suas diferentes formas de difusão e realização.

A partir de então, convidei quatro festivais integrantes do Núcleo dos Festivais Internacionais de Artes Cênicas do Brasil — Cena Contemporânea — Festival Internacional de Teatro de Brasília; Porto Alegre em Cena — Festival Internacional de Artes Cênicas; Festival Internacional de Artes Cênicas da Bahia — FIAC; e Janeiro de Grandes Espetáculos — Festival Internacional de Artes Cênicas de Pernambuco — para participar do projeto e, juntos, selecionarmos dez artistas de diferentes cidades do Brasil para a tradução e direção das leituras dramáticas dos textos.

Assim, para intensificar a participação e aprofundar o intercâmbio cultural, reafirmando uma das importantes funções dos festivais, decidimos que seriam feitas duas leituras dramáticas a cada festival, com diferentes grupos e companhias de teatro locais, em um formato de residência artística com duração aproximada de cinco dias. Com essa dinâmica, os encontros nos festivais entre o autor, o artista-tradutor e os artistas locais seriam adensados, potencializados. A proposta foi prontamente aceita pela AC/E, uma vez que atenderia amplamente aos objetivos do Programa de Intercâmbio Cultural Brasil-Espanha.

Desde então, venho trabalhando na coordenação do Projeto de Internacionalização da Dramaturgia Espanhola. A primeira etapa foi buscar uma editora brasileira que tivesse o perfil para publicar os livros. Não foi surpresa confirmar o interesse de Isabel Diegues, da Editora Cobogó, que, dentre sua linha de publicações, valoriza a dramaturgia através de livros de textos de teatro, com sua Coleção Dramaturgia.

A segunda etapa foi pensar as leituras das obras espanholas junto aos diretores dos festivais parceiros representados por Paula de Renor, Guilherme Reis, Felipe de Assis e Luciano Alabarse e definir os artistas que poderiam traduzir os textos. Com isso, convidamos Aderbal Freire-Filho, Beatriz Sayad, Cibele Forjaz, Fernando Yamamoto, Gilberto Gawronski, Hugo Rodas, Luís Artur Nunes, Marcio Meirelles, Pedro Brício e Roberto Alvim, que toparam a aventura!

Finalmente, partimos para a edição e produção dos livros e convidamos os grupos e companhias locais para a realização das residências artísticas e leituras dramáticas, que culminariam no lançamento das publicações em cada um dos festivais parceiros, cumprindo um calendário de julho de 2015 a janeiro de 2016.

Enquanto ainda finalizamos os últimos detalhes das publicações, compartilhando o entusiasmo de diretores, tradutores e tantos outros parceiros da empreitada, imagino quais desdobramentos serão possíveis a partir de janeiro de 2016, quando os livros já estiverem publicados e tivermos experimentado as leituras e conversas sobre dramaturgia. Quem sabe a AC/E não amplie o programa? Quem sabe não estaremos começando a produção de um desses espetáculos no Brasil? Quem sabe essa(s) obra(s) não circule(m) entre outros festivais internacionais do Brasil? Quem sabe não estaremos levando para a Espanha traduções de palavras e de cenas de alguns dos espetáculos, com direção e atuação de artistas brasileiros? Enfim, dos encontros, sem dúvida, muitas ideias irão brotar... Vou adorar dar continuidade ao(s) projeto(s). Fica aqui o registro!

Márcia Dias
Curadora e diretora do TEMPO_FESTIVAL

CIP-BRASIL. CATALOGAÇÃO-NA-FONTE
SINDICATO NACIONAL DOS EDITORES DE LIVROS, RJ

M816c Mora, José Manuel
      Os corpos perdidos / José Manuel Mora ; tradução Cibele Forjaz ; colaboração Kako Arancibia.- 1. ed.- Rio de Janeiro : Cobogó ; Madri (Espanha) : Sociedad Estatal de Acción Cultural, S.A., 2015.
      96 p. : il. ; 19 cm.

      Tradução de: Los cuerpos perdidos
      ISBN 978-85-60965-99-1

      1.Teatro espanhol (Literatura). I. Forjaz, Cibele. II. Título.

15-26985   CDD: 862
                                            CDU: 821.134.2-2

Nesta edição foi respeitado o Acordo Ortográfico da Língua Portuguesa de 1990, que entrou em vigor no Brasil em 2009.

Todos os direitos em língua portuguesa reservados à
Editora de Livros Cobogó Ltda.
Rua Jardim Botânico, 635/406
Rio de Janeiro — RJ — 22470-050
www.cobogo.com.br

© Editora de Livros Cobogó
© AC/E (Sociedad Estatal de Acción Cultural S.A.)

Texto
José Manuel Moura

Tradução
Cibele Forjaz

Colaboração na tradução
Kako Arancibia

Idealização do projeto
Acción Cultural Española — AC/E e TEMPO_FESTIVAL

Coordenação geral Brasil
Márcia Dias

Coordenação geral Espanha
Elena Díaz, Jorge Sobredo e Juan Lozano

Editores
Isabel Diegues
Julia Martins Barbosa

Coordenação de produção
Melina Bial

Revisão da tradução
João Sette Camara

Revisão
Eduardo Carneiro

Capa
Radiográfico

Projeto gráfico e diagramação
Mari Taboada

Outros títulos desta coleção:

A PAZ PERPÉTUA, de Juan Mayorga
Tradução Aderbal Freire-Filho

APRÈS MOI, LE DÉLUGE (DEPOIS DE MIM, O DILÚVIO),
de Lluïsa Cunillé
Tradução Marcio Meirelles

ATRABÍLIS, de Laila Ripoll
Tradução Hugo Rodas

CACHORRO MORTO NA LAVANDERIA: OS FORTES, de Angélica Liddell
Tradução Beatriz Sayad

CLIFF (PRECIPÍCIO), de José Alberto Conejero
Tradução Fernando Yamamoto

DENTRO DA TERRA, de Paco Bezerra
Tradução Roberto Alvim

MÜNCHAUSEN, de Lucía Vilanova
Tradução Pedro Brício

NN12, de Gracia Morales
Tradução Gilberto Gawronski

O PRINCÍPIO DE ARQUIMEDES, de Josep Maria Miró i Coromina
Tradução Luís Artur Nunes

COLEÇÃO DRAMATURGIA ESPANHOLA

2015

———————

1ª impressão

Este livro foi composto em Univers.
Impresso pela gráfica Stamppa
sobre papel Pólen Bold 70g/m².